GUILLERMO CORONEL

Futurepop

El Primer libro sobre este género musical

Contents

Prólogo

Para empezar, les quiero contar a los que de alguna forma han adquirido este material, que mientras lo estaba terminando; habiéndome tomado todo el trabajo, no sólo de escribirlo, sino de editar el texto, ordenarlo, realizar toda la gráfica, distribuirlo, me surgió la pregunta que si vale la pena llevar a cabo esta proeza.

Me encanta escribir; y en el contexto de la pandemia y por ende el confinamiento, padeciendo el país que tiene la cuarenta por el Covid 19 más larga del mundo... claro que hay tiempo para encarar proyectos.

Pero, esforzarse en escribir y poner información sobre algo que quizás no le interesa a mucha gente, podría significar una pérdida de energía y un desperdicio de energía enorme...Bueno, ese es un riesgo que quiero tomar. Y de esa manera, invertir tiempo y dinero en editar y distribuir mi material en las mejores plataformas de libros digitales del mundo...

Pero mi intención es compartir la pasión que siento por esta música y mi objetivo básicamente consiste es que con toda la información que puedan ver aquí, se interesen y puedan conocer un poco más a lo que creo y sostengo que se denomina Futurepop y todo el sustento artístico que lo constituye.

En este libro, podrán ver bandas y lanzamientos de artistas con un recorte claramente subjetivo, pero que deben tomarlo solamente como un punto de partida. Este es un precedente, la gente, los músicos y los fans luego podrán discutir si encontraron el libro interesante, o bien, si les pareció un género musical relevante para que alguien se tome de escribir sobre esto.

El hecho de convertir esto en un libro, es para darle una formalidad, la formalidad que creo que se merece el hecho de trabajar recolectando información, darle un orden, un marco conceptual y que todas esas horas de escuchar estos músicos y tratar de asistir a eventos donde pasan música más o menos parecida, dejen una sustancia teórica, para que se hable de esta música con el respeto y la seriedad que se merece.

Yo en la biografía les voy a decir quien soy y dejé mis redes sociales para que me cuenten qué les pareció. También, más adelante les comento porque creo que tengo la autoridad para llevar a cabo este proyecto. Capaz que me estoy justificando demasiado ¿No?. Pero desde ya les digo que le dediqué mucho amor y lo realicé con toda la entrega y la humildad del mundo, así que, si me equivoco háganmelo saber por favor.

> *"Leave your home, forget your name*
> *Merge in the illusion"* (Seabound)

Futurepop

EL PRIMER LIBRO DEL MUNDO SOBRE ESTE GÉNERO MUSICAL
FUTUREPOP
GUILLERMO CORONEL

Biografía del autor

Mi vida no es para nada interesante, pero la editorial de e-books exige una presentación biográfica. Soy Juan Guillermo Coronel, tengo 31 años, (al momento de escribir esto). Pero prefiero que me digan Guillermo.

Dejé la carrera de realización de cine y TV, dejé la carrera de comunicación social y estoy finalizando la tecnicatura en servicios sociales; para luego seguir la carrera de analista en relaciones públicas, la que pienso combinar con la tecnicatura en gestión cultural,si es que el trajín de la vida me lo permite. Trabajé en todos los ámbitos posibles, en el sector público, en el sector privado, de manera informal, en pasantías de la Universidad y también fui mono tributista... Así es en la Argentina, uno se tiene que saber desenvolver en todos los ámbitos.

Me gusta el Synth y la música, hubo en tiempo en donde iba a por lo menos 3 conciertos por mes y uno de esos internacionales, y eso fue así durante varios años ... pero bueno, eso quedó atrás. Cuando va creciendo, hay cada vez menos para recrearse.

Escribo en Internet desde hace muchos años, tal es así que hay sitios que ya no están, pero hay algunos en donde se puede ver lo que escribo; que por cierto, no son medios grandes. Pero de todas formas se los voy a dejar.

ITMagazine: https://magazine.imaginaciontalento.com/

author/guillermocoronel/

Peek A Boo Magazine: http://www.peek-a-boo-magazine.be/
en/reviews/search
  /guillermo-coronel/?q=

Brutal Resonance:

1. https://www.brutalresonance.com/review/matt-springfield-
   erase-all-data/
2. https://www.brutalresonance.com/review/apt-energy-
   light-and-darkness/
3. https://www.brutalresonance.com/review/daniel-the-
   book/
4. https://www.brutalresonance.com/review/marchoff-and-
   droin-source-of-vectors/
5. https://www.brutalresonance.com/review/covenant-last-
   dance/
6. https://www.brutalresonance.com/review/natural-lies-
   cryptex/

Este es el link de cuando mi sitio salió en un prestigioso diario
de Hungría, por haber entrevistado a la banda Plazmeabeat
de aquel país: https://zene.hu/20150210_plazmabeat?fbclid=
IwAR3p9AFGd2k9cMcbTYfu_5r8r2nKtVfLt6iyZ948UkYq0qF1nsSwwCJ1jV4

La publicación salió porque la banda se había quejado en una
entrevista por radio o una revista de su país, de que los medios
grandes no le dan trascendencia a las bandas locales, y la música
nacional no tiene buena cobertura...y mucho menos para el
ambiente under... al poco tiempo yo publicaba la entrevista, en

mi anterior página web, con dominio. www.ebmlovers.com.ar.
Por eso volví a publicar la entrevista, que realizamos en el 2015,
para que se pueda ver nuevamente en mi blog y la podrán en la
sección de entrevistas de este libro.

Como les vengo contando, amo la música y me encanta escribir,
razón por la cual me hice una página de Internet, que luego
se convirtió en un blog, en donde suelo publicar contenido de
las bandas que iba a ver y reseñas de lanzamientos, así como o
También entrevistas, lo hago todo por hobby y sin la necesidad
de monetizar, ni con la intención de ganar algún dinero por esto
u obtener rédito alguno.

También me gusta cantar y crear canciones. Por eso publiqué
esta canción en las plataformas de musicales más prestigiosas:
   https://guillermocoronel.contactin.bio/

Y Por último este es el blog del que les vengo hablando:
   https://medium.com/@EbmLoversMagazine

Hago otras cosas también, pero creo que con esto que les cuento
hasta acá está bien. No sean tan chismosos.

Introducción

¿Por qué existe la necesidad de escribir un libro de este género musical y por qué me pongo a encarar esta iniciativa y por último quién soy yo para llevar a cabo esta hazaña?

Ya mismo respondo estas preguntas, pero antes prosigamos con esta breve introducción.

Como sabemos la música tiene muchos géneros y muchas variantes. Hay muchos estudios sobre musicología, antropología de la música, la música y las neurociencias, etc, que se han encargado de estudiar estilos y formas musicales y su repercusión en la vida humana

Lo que revela lo importante que es la música para la humanidad por ser objeto de estudio para varias disciplinas científicas.

También es el sustento de vida no sólo para los artistas que hacen shows y publican sus obras, sino también para toda una industria que está detrás de las ventas de discos, de los lugares de eventos, entradas, y demás.

La música, como muchos saben, también es un área de estudio de estudio en sí misma, hay academias, conservatorios, escuelas de música y cursos para aprender a ejecutar instrumentos o aprender sollfeo, porque también es un lenguaje en sí mismo.

¡Qué actividad más completa! Estoy escribiendo un libro sobre música, sobre uno de los géneros que en los últimos tiempos la sociedad moderna logró consolidar y lo estoy haciendo con todo el amor y la humanidad del mundo... y me siento muy orgulloso, en verdad.

No los quiero aburrir, ni meterme en una producción teórica tediosa que intervenga con el dinamismo que le quiero dar a este trabajo.

Tengo la intención de lograr un producto entretenido y con secuencias textuales llevaderas, para intentar ser claro y conciso.

Voy a publicar este material en dos de más tiendas de libros digitales más importantes del mundo y no sé con qué público me pueda encontrar; es decir, sí es gente que conoce del tema, o bien les da curiosidad. En mi blog cuando escribo de estos temas, tengo una idea de un público objetivo, pero ahora no.Ahora me estoy lanzado a toda una nueva audiencia y en un ámbito que puede tener mucho alcance, y debo contestar me da un poco de miedo.

Por eso tengo la responsabilidad de ser claro, explicativo y no aburrir, como dije antes. Y eso es lo que voy a tratar de hacer.

Estoy escribiendo sobre género musical, y no quiero caer en la obviedad de caer en la de caer en la explicación de explicar que son los géneros musicales, sus tipos y su historia.

Explicar eso y dar detalles, sería muy prudente y adecuado, pero no muy útil para la función de este trabajo. Por eso sólo voy dejar las ideas básicas de que sobre que es un género musical, para que se puede vislumbrar el punto de partida con el que se va a trabajar en esta obra.

Se podría decir que mis intenciones son "periodísticas", porque reúno en escrito material de años que vengo publicando en un sitio.

Mi deseo es que lo vean así.

Por eso voy a tomarme el atrevimiento de dar por entendido que ustedes manejan el concepto de género musical, al menos el que predomina en los albores del sentido común, así yo puedo quedar tranquilo en hablarles del Futurepop como género.

Todos tenemos por el concepto de género musical, de estilo musical por más o menos comprendida.

Los géneros musicales vendrían a ser categorías conceptuales, que clasifican a la música por variables o criterios. Estas variables pueden ser de fines o ejecución, por ejemplo. Ejemplo, música para uso religiosos o música instrumental, percusión, vientos, etc.

Cuando se logra establecer paradigmas estilísticos, es decir, cuando se encuentra un hilo conceptual en los estilos musicales, en donde se observan criterios como rítmica, armonía, sonoridad, instrumentación etc, encontraremos un género musical, que, en resumidas cuentas, son obras que se enmarcan en las características y rasgos mencionados.

La categoría conceptual, o nombre que adoptan géneros como el Jazz, a la salsa o el Pop, se generan por encontrar factores comunes en lo estético y la estructura musical de las obras, que engloban en un tipo o estilo marcado de crear música.

Los géneros musicales se van consolidando con la aceptación de la sociedad a diferentes formas de expresión, estilos y propuestas que artistas van elaborando y que perduran en el tiempo bien, a veces solo quedan en modas pasajeras.

Di una breve introducción sobre el tema, claramente, para dejar un como una especie de cimiento teórico de lo que se va a abordar en este escrito, como aclaré anteriormente.

Está claro que hablar de los géneros musicales, su historia y construcción no es la intención del libro, por eso, les voy a dejar recomendaciones sobre estos temas y muchos otros relacionados con el estudio de la música:

- Antropología de la música, De los géneros tribales a la globalización. Carlos Reynoso.
- Guía para entender la música moderna: un recorrido didáctico por los estilos musicales de nuestro tiempo. Esther González de La Fuente.
- Disonancias. Introducción a la sociología de la música. Thedor W. Adorno.
- Future Pop, Music for the Eighties. Peter L. Noble.

Para continuar respondiendo a las preguntas que planteé al inicio, que les recuerdo que una era porque me pongo adelante de una tarea como ésta y en sugyundo lugar, que autoridad intelectual tengo para tal cometido, creo que puedo responder con los siguientes argumentos:

En primer lugar, tengo varios años yendo a eventos, como se han enterado en la biografía y por el otro lado, llevo casi una década escribiendo sobre estos temas.

Me parece que eso, son dos características que me otorgan ciertas facultades para llevar adelante este proyecto.

Contestar esto me hace sentir tranquilo.¿Les cuento por qué? Por el sólo hecho, de que sí yo me toparía con un libro similar, me haría las mismas preguntas.

Así que por sólo una cuestión de ética, les respondo a ustedes, así de paso, no ando con cargo de conciencia...

Orígenes del Futurepop

El origen del Futurepop remonta a los inicios del 2000. Las bandas del Synth que tuvieron éxito en los '80, que vieron la transición del vinilo al CD en los '90, ya más grandes, se tuvieron que reinventar, es por ello que, en estos años hemos sido testigos de la evolución de bandas como Depeche Mode, Eurythmics, New Order o Erasure, que han llevado al Synth a su esplendor y que marcaron el camino para generaciones venideras.

Pero si hablamos del Synthpop es otro cantar... y da para otro libro la historia del Synth es más compleja y con muchas variantes y ascendentes, sobre todo de Europa central. Mientras que en el Future las bandas que forjaron al género tienen una marcada procedencia más diversificada como veremos más adelante.

Las bandas de Synth independientes encontraron un mercado en el ambiente under y en eventos de música dark, gotica y alternativa en si. Desde finales de los 90, ya había que despedirse de las melodías minimalistas como recurso musical central y había que iniciar en un nuevo milenio, que musicalmente exigía una renovación, como muchos recordarán...Con un nuevo milenio tenía que modernizarse el mundo...
La evolución del Synthpop devino en ritmos más rápidos, arreglos e intervenciones con samplers, dispositivos digitales,

instrumentación MIDI, y estructuras en las canciones que dejaron de hacer tanto hincapié en el estribillo bailable y pegadizo.

Si antes el Synthpop había tomado sus bases del **EBM,** que mezclaba aspectos PUNK y protesta con percusión muy básica y canciones repetitivas con secuencias hiper minimalista; Ahora el Futurepop se percibe como con otra vuelta de tuerca al SYNTH, con siintetizadores digitales y analógicos a la vez, o con emulaciones de estos últimos donde los sonidos son amplios y el auge del dance de los '90, encontró una alternativa under con la llegada del Futurepop.

Aparte el Synthpop, cuyo término proviene de la combinación de las palabras Synthetizary Pop, (como se pude deducir fácilmente), se define por su instrumento principal, que es el sintetizador. El Futurepop, ósea el Synthpop de después del 2000 necesitaba tener un nombre con fuerza que le diera una identidad artística,que no sólo lo defina por como se va a desarrollar su instrumentación central, sino que también, un término que denote su esencia y su presencia en la escena under.

Si se logra imponer al Futurepop como un género musical moderno, con historia y con un sentido, se va a contribuir al impulso de la carrera de muchos artistas. Pero esto no será posible si no discutimos sobre la música que nos gusta, si no damos estos debates

Tocar el sintetizador, editar música electrónica o manejar controladores requiere de mucho conocimiento y habilidades. Algunos aún siguen subestimando estas habilidades, creyendo que el virtuosismo musical sólo se encuentra en la interpretación de los instrumentos convencionales.

Reivindicar al Futurepop y a los subgéneros que comprenden el Synth, Synyhpop Synthwave, Ebm, Electropop, etc, es uno de los objetivos que me planteo realizar al escribir esta publicación.

Si nosotros que nos gusta el Synth, no mostramos que hay una escena, que hay eventos, que se puede apreciar otros sonidos, ¿Los músicos por qué se tendrían a motivar a innovar y trabajar en nuevas producciones o gestionando eventos?

Por todo esto, es que para mi; la clave es dar con una idea, con una marca, con un concepto que englobe y denote una manera de hacer música y expresar ideas, que se viene gestando de hace más de 2 décadas, y que deviene del auge del Synthpop de los '80. Y el término o mote **FUTUREPOP**, es el vocablo ideal

Yo empiezo a dar mi aporte destacando *"branding"* de lo que considero que significa y abarca el Futurepop. No sé muchos estarán de acuerdo, pero al menos es un punto de partida conceptual y lo desarrollo teóricamente en este trabajo.

¿Y por qué decimos Futurepop y no Synthpop? Principalmente porque como he desarrollado en párrafos anteriores, a partir del 2000 las bandas empezaron a incursionar en tecnologías digitales para tocar, dejando de lado un poco a los antiguos sintes analógicos, por sus ventajas tecnológicas, sus posibilidades creativas, y su portabilidad.

Esto ocasionó que al usar instrumentos más transportables y más económicos las bandas under se animaran a hacer canciones de forma más amateur, y a encarar el modo home studio, realizando tareas de producción en sus hogares.

Tampoco podemos olvidar que las bandas de Synthpop más conocidas pasado los noventa, ya estaban evolucionando y ya el estilo tan marcado de poner hits con melodías minimalistas y estribillos pegadizos iba quedando atrás. Entonces esos rasgos tan minimalistas, con esa estructura tan marcada de composición devino en el Futurepop actual, que por cierto, sigue evolucionando.

Hoy por hay bandas de Synthpop consagradas, que utilizan guitarras, bajos y percusión ejecutada por humanos. El ejemplo claro de esto es Depeche Mode. Los Depeche que del tema "Ice Machine" no son los mismos que el de canciones como "Home" o Dream On", como se puede apreciar fácilmente.

Al Futurepop hoy en día, es al único género al que sólo se le permite conservar esa manera minimalista de estructurar canciones: simplistas, con melodías y arreglos de un sólo sinte, en donde el denominador común y la marca del estilo se encuentra en la voz grave, profunda, penetrante y muy presente de un cantante, como sonlos emblemáticos ejemplos de las siguientes bandas pilares: Frozen Plasma, NamNam Bulu,Culture Külture o Colony 5.

A mi criterio, entre esas cuatro bandas, podemos entender todo lo que es el Futurepop. Pero voy a dar mi lista de artistas bandas y mejores álbumes más adelante.

Si bien el Futurepop es un estilo musical mete sencillo, minimalista y fácilmente digerible, su musicalidad es poseedora de una sonoridad y belleza únicas, porque al ofrecernos canciones de estructuras simples, permite que podamos disfrutar más fácilmente cada melodía y apreciar cada nota de manera más fácil, como verán mientes de adentran en estas páginas, y descubren a las bandas y obras que sugiero.

También al Futurepop, muchas veces por su contenido de

historias distópicas y la narrativa épica en las canciones, se
lo ha vinculado con la movida Dark, por este motivo, pudo
amalgamarse y estar contenido en festivales como WAVE GOTIK
TREFFEN, o M'ERA LUNA O AMPHI FESTIVAL, que nacieron jus-
tamente iniciando la década pasada. Pero el auge del Futurepop,
empieza recién cuando Internet y las redes sociales permiten que
las redes sociales hagan conocido al término "Futurepop", y las
bandas que empezaron con este movimiento empiecen a crecer
en visibilidad web. Es aquí cuando bandas como VNV Nation,
Icon Of Coil, Colony 5, Code 64, COVENANT, Diorama empiezan
a resonar cada vez más y se observa una clara influencia nórdica
de las bandas post synthpop de los ochenta.

Con el crecimiento de las redes sociales y las plataformas de
música por streaming el Futurepop comienza a encontrar un
espacio adecuado para generar reconocimiento y difusión. Pero
como todos los músicos de todos los estilos, por lo general lanzar
formato en digital por cuestión de costos, les ha resultado más
conveniente.

¿De qué habla el Futurepop?

Tratar describir de qué habla, un género musical es identificar los conceptos que aborda en los temas, los factores en común que tienen las canciones, tanto desde lo musical, como desde lo general, artes de tapa, tema, lenguaje audio visual de los clips, es decir, que este capitulo es para analizar con detenimiento todo el contenido artístico que generan los músicos de este género.

El Futurepop; como hemos visto aquí, es un estilo musical que se mueve mayormente en ambientes underground y que tiene raíces culturas de Europa occidental. Es por esto que quizás, podremos ver en la impronta estilística del Futurepop tanta simbología que evoca a la historia del viejo continente. Por eso reminiscencias de las expresiones populares que se han expresado en conflictos sociales y las grandes revoluciones que han cambiando el mundo y las relaciones de los pueblos con el poder, no dejan de entreverse en la estética, en los mensajes y muy sutillmente en las letras del Futurepop... Y muchas veces estas connotaciones generan controversia... Pero esto pasa en todas las expresiones artísticas sobre todo si no se entiende la obra o la corriente artística.

Por eso, como en todos los estilos musicales, en el Future las bandas tienen rasgos en común y hay todo un sustento cultural muy interesante, que se sigue manteniendo en los años, y que todo el mundo debería conocer.

XX

Así como en su momento el Rock tenía su sustancia, el Futurepop tiene una atractivo y una propuesta artística de excelencia, con la diferencia, que los artistas Futurepop son mayormente independientes, por lo que la música no es su medio para ganarse de vida.

Además, es un género netamente underground y sus referentes no andan diciendo que son del Futurepop, ni que es o que NO es el Futurepop, y quizás por eso no se conoce a nivel masivo, a pesar de hay decenas de playlist con el término en las plataformas de música por streaming. Por lo que se nota, que el público, ya adopto este término para definir el estilo que del que estamos hablando.

Otra particularidad es que los exponentes mayormente son políglotas, quizás sea porque allí en Europa donde todos hablan al menos 2 idiomas, el nativo y al menos uno más por la diversidad cultural y porque allí mayormente la educación es de excelencia.

Volviendo al punto podríamos poner en poner en común temáticas de destrucción, futurismo, inteligencia artificial, guerra, poder, entre los conceptos del Futurepop. Para poder sostener esto, me he tomado el trabajo de buscar palabras que se repiten en general en las canciones y temas en las tapas de discos, clips y fotografías, gráficas entre otras.

La metodología que utilice para tratar de poner en común tópicos o temas de mayormente trata el Futurepop o del que hablan sus canciones es buscar palabras en común y hay unas cuantas que se repiten mucho. Esto lo van observar bien en los títulos de las canciones indagan en la selección de 20 mejores discos de Future que les voy a dejar, con su respectiva reseña, y que encontrarán en las siguientes páginas.

Cabe destacar que la mayoría están en inglés, algunas palabras son palabras compuestas, es decir dos vocablos que componen un término. También los términos tienen derivados, aclaro... por ejemplo adverbios, conjunciones, diminutivos, superlativos, etc

Estas palabras son los términos que más se repiten en el Futurepop y están en la siguiente tabla:

GUERRA	FUTURO/FUTURISMO	DESTRUCCIÓN DISTOPÍA	RELACIONES DIFUNCIONALESES/EMOCIONES INTENSAS	ESPACIO COSMOS
war	Future	Explode	Desperate	Stars
warmonger	Robot	Explosion	Get Back	Constellation
Army	Digital	Hurt	Isolation	Fallen Stars
Gun	Device	Destruction	Disguise	Rain
Enemy	Interface	Buried	Stalker	Horizon
Explosion	Technology	Damage	Liar	Sun
Weapon	Automatic	Fire/Ignite	Now or Never	Storm
Ghosts	Artificial	Fragments	Dangerous	Cosmos
Punish		Hunger	Sin	

Buscar las palabras repetidas permite dilucidar, de alguna forma el concepto que las letras van a tocar en las canciones.

Interpretar estas canciones, estas letras es una tarea muy simple y es trabajo de cada uno. En este trabajo no vengo a oficiar de gurú o exégeta de la lírica Futurepopera.

Mi intención es mostrar el contenido poético de las letras de las canciones, el bagaje conceptual que manejan y los mensajes en común que veo que entiendo que este estilo representa.

Me parece muy soberbio cuando alguien pretende entender un estilo musical y encuentro por demás burdo cuando las personas andan queriendo mostrar a toda costa cuanto saben de sobre ese tema. Tal como pasó con el Rock. Antes se peleaban para ver quién era " más rock", había quienes se mostraban dueños de una actitud arrogante y muy pedante, sobre su auto percepción de sí mismos... el Rock generaba" héroes", a tal forma que su palabras o actitudes eran incuestionable...

Yo no voy a caer en esos errores, ni vengo cargado con esas ínfulas y ojo que no tengo nada contra el Rock... más bien cuestiono todo ese folklore y ese estamento que el Rock genera, o que generó en su época de oro. De hecho, su sobrevalorada y vasta espectacularidad, en su momento se posó como una piedra a sus espaldas, hasta que esa piedra se convirtió en una montaña gigante, que terminó en una catastrófica avalancha, que ocasionó que el rock se vuelva puro show, tribuna, poco arte y poca música. Por eso pasamos de los virtuosos a los showman y al espectáculo como eje central en detrimento de su esplendorosa musicalidad, que supo tener en donde se pone a la actitud por encima del talento.

Por suerte el Futurepop no sufre de esas controversias por su movida a su alrededor, y nadie puja por ser el mejor por quien "la tiene más grande". Su obra se plasma en ambiente colaborativos, en donde vemos que los artistas colaboran mucho en discos y de sus colegas, o bien remixando, produciendo, y acompañando todo lanzamiento más allá de las obligaciones con las compañías disqueras.

Por eso amo tanto a esta música, porque su esplendor radica en parte, en que se desarrolle es un ambiente pequeño, under, pero internacional, que aún para mucha pasa desapercibido. Y por otra parte, a los que a los que les atrae esta música no sufren consecuencias de ningún por ser seguidores de alguna arista, banda o ramificación... Es decir, no hay una "movida" que alimentar con costumbres, ritos o simbología alguna de pertenencia tribal. ¡Es puro arte! y es un arte que está a disposición del que lo sabe apreciar.

Es por esto que acá no vamos a encontrar polémica, no hay un Soda VS Los redondos... [Por poner sólo un ejemplo fácil]

Retomando el punto de las letras, voy a dejar una selección de las que me parecen más representativas y las mejores. Porque es como todo... hay letras más simples y cortas, como más complejas y cargadas de literalidad.

   (Aclaro que las dejo en su idioma original porque no corresponde que las traduzca yo aquí, y en todo caso les dejo esa tarea a ustedes)

Fallen Stars by Mental Discipline, (Feat Felix Marc)

Frozen sun in a sleeping sky
And this emptiness on my mind
Why do I still feel alive?
Life and death walking side by side

And there's no one who can find
Why do I still feel alive?
We are broken but alive
Blinded by these modern times
Standing proud throughout the years
As long as there is blood in our veins
As long as there is hope for a change
And barricades to overcome
Across the borders we will run
*Like **fallen stars** we have become*
Born into systems we didn't choose
Until we wake up and start to seduce
The wind of change
And turn it into a storm
Former fronts have disappeared
So why do we hesitate and still care
For systems we didn't choose
For systems that tell us what to do
We send our signals across the skies
Spilled with the dreams of this new generation.

Ecstatic by Suicidal Romance, (Feat Felix Marc)

Your touch – a test a mourning to die for
It burns as freeze as I'd want
Like the way that you look at me.
You turn me inside out
To press my thoughts to the mess

And nothing lies between us
And the countdown begins.
Come to me, leave your tract to
Exist are we. Force you, force you
To forget some its manners,
That keep us from been ecstatic.
Come to me, leave your tract to
Exist are we. Force you, force you
To forget some its manners,
That keep us from been ecstatic.
Your body – a perfect pool of **sin,**
Designed to human desire.
To liberate the art in me.
You slice my body open
Deactivate my brain,
Until nothing lies between us.
Let the countdown begin.
Come to me, leave your tract to
Exist are we. Force you, force you
To forget some its manners,
That keep us from been ecstatic.
Come to me, leave your tract to
Exist are we. Force you, force you
To forget some its manners,
That keep us from been ecstatic.
Come to me, leave your tract to
Exist are we. Force you, force you
To forget some its manners,
That keep us from been ecstatic.
Come to me, leave your tract to
Exist are we. Force you, force you

xxvi

Alchemy By The Parallel Project, (Feat. Salva Maine)

Time to move along, to stay alive
   another crowd to let you go away
   here, follow the way, never look back
   you've taken more that ever wanted to
   every day in a distant place
   every time is an nameless fortune
   running away won't save your live
   standing up won't help you either
   every day is another lie
   every hour is a new emotion
   don't let 'em void till you decide
   to give a second try to the wonder
   and when the time is gone
   showing just reflections of the past
   (realize that everything is a dream)
   no matter what the fate may bring you
   another day is lost, forbidden doors to cross are in the way
   (pick up the **fragments** of your life)
   and try again to turn them into gold
   walk one step beyond
   you search in vain
   this only answer is what you're asking for
   take another step
   follow the trails
   led by a thousands ghosts an age ago

xxvii

<u>Breathe, By Seabound</u>

Your tears tear wounds
    And worlds apart
    Sinking down in silence
    Ivy climbs my heart
    A pool of tears
    And layers of pain
    We call for comfort
    And cry for rain

In hours like these
    When black beats blue
    I know nothing that I
    Feel is true (but)
    The demons will
    Forsake the land
    (And I'll)
    Find a gentle woman
    For a gentle man

Breathe
    Taste my flesh and grief
    Breathe
    Crawl on your knees

My hunger is directed
    Towards your twisting body

xxviii

Shameless you demand
Punishment and men
My eyes are re-directed
From your twitching body
Towards the waiting crowd
Punishment's at hand

My anger is directed
Towards your shifting body
Breathless you demand
The use of force again

My thoughts are re-directed
From your bleeding body
Towards the folded shroud
We're closing in on the end

Hurt me
Scream what you feel
Hurt me
I need to know it's real

Sieged by Culture Kultur

Another victory. Is raging in me.
And when the dust on that road settles, it's time to forget.
Take my misery. Build a temple with it.
And when the time arrives I will fall, down on my knees.

And when the time arrives I promise, well here's what I feel.

You came for peace, looking for words.

Look at what you have done. A darkest thing. A world of hate.

Wastelands of destruction. You came for life, you came for hope.

With just and desperation. Lost your way in a fall of grace.

The voice from death hounds you tonight.

You came for life you came for hope. Look at what you have done.

Another day to concur. In the eye of the storm
And when the screams at last are over I feel it's enough.
*Just stop this **madness** now, I cry to myself.*
*And when the **bullets** close my body I know it's too late.*
My time has come I know but I'm not in peace.
You came for peace, looking for words.
Look at what you have done.
A darkest thing. A world of hate.
Wastelands of destruction.
You came for life. You came for hope.
But just left desperation.
Lost your way in a fit of rage.
The voice of dead haunt you tonight

<u>Stricken, Ruined Conflict</u>

xxx

You turn in pure resistance
	Your vengeance very clear
	The rain falls painted black
	You bleed in no despair
	The sadness in your eyes
	Your tears full of hurt
	You hold no regret
	As you watch me burn

A life of complications
	You made the last decision
	To spare you broken thoughts
	As you neglect me
	How could you be so cruel
	Did I not deserve you
	You turn and walk away
	Your denial led by hate

I hope you suffer just like me
	I hope you pay for what you've done
	I hope you burn in hell with me
	I hope your chained in misery
	You've caused the damaged that's been done
	You can not change the path you walk
	You're the reason I have nothing
	You're the reason I can't breath
	You're worthless just like me
	You're a spreading disease
	As written in my words
	You're soiled and empty
	You will feel the pain I feel

xxxi

You will lose what I have lost
You'll regret what you've become
You'll be sorry once I'm gone
The rage from your deception
Forsaken but defiant
Strikes your soulless heart
Fallen with no affliction
Now look into my eyes
Look at who you are
Look back hard on that day that has made you this way
Restricted by your choices
A glass full of poison
Don't waste your breath on me
You're a walking disease
Now look into the open
Can you feel the window pain
Now I am the one walking away

Epicentre, By VNV Nation

I asked myself was I content
   With the world that I once cherished?
   Did it bring me to this darkened place
   To contemplate my perfect **future**?
   I will not stand nor utter words against this tide of hate
   Losing sight of what and who I was again

I'm so sorry if these seething words I say

Impress on you
That I've become the anathema of my soul

I can't say that you're losing me
    I always tried to keep myself tied to this world
    But I know where this is leading me
    Please
    No tears
    No sympathy

I can't say that you're losing me
    But I must be that which I am
    Though I know where this could take me
    No tears
    No sympathy

Gracefully
    Respectfully
    Facing conflict deep inside myself
    But here confined
    Losing control of what I could not change
    Gracefully
    Respectfully
    I ask you "Please don't worry,"
    Not for me
    Don't turn your back
    Don't turn away

I can't say that you're losing me
    I always tried to keep myself tied to this world
    But I know where this is leading

xxxiii

Please
No tears
No sympathy

I can't say that you're losing me
But I must be that which I am
Though I know where this could take me
No tears
No sympathy

No tears for me, no sympathy
No tears for me, no sympathy

Let the Wind Erase Me, By Assemblage 23

Attenuate the light of day
So I can see the lines and details
And not the hazy, plastic blur
That floods my eyes till I can't see

Let the wind erase me
Like the memory of a kiss
Let these waters take me
Away from all of this
I long for anonymity
To wipe the features from my face
One single moment of escape,
Then I can wake myself again
I need a respite from this noise

xxxiv

Como dije antes, los músicos del FUTUREPOP vienen de todos partes de Europa, mayormente de los países nórdicos, Gran Bretaña, Alemania, en fin, por eso el idioma común es el inglés, aunque hay canciones conocidas en alemán, sueco, español, y seguro algún otro más.

Está clara la necesidad de volcarse a un idioma común; aunque, claro, no es delito cantar temas en otros idiomas. Puedo citar a modo de ejemplo que Frozen Plasma, NamNam Bulu y Colony 5 han publicado canciones en sus idiomas nativos, pero 1 o 2 en toda su discografía:

"Tanz Die Relovotion" de Frozen, "Zeit" de Nam y "Heta Nätter" de Colony 5. Las dos primeras en alemán y la última en sueco.

Voy a dejar sólo esta corta selección, y ustedes pueden buscar más en la lista de los 20 mejores discos. Las letras por suerte se encuentran fácilmente.

Selección de mejores artistas

El resultado de esta escogencia no sólo proviene del mero gusto personal.

Me basé en las bandas que más aparecen en los festivales internacionales, las bandas con más trayectoria, las más conocidas y las que tienen la mayor parte de su material en las plataformas.

Esto último es porque hay bandas que no tocan más desde el 2008, pero tienen toda su discografía en las tiendas digitales. Antes del auge de estas plataformas, uno tenía que esforzarse mucho por acceder a la obra de artistas como Code 64, Covenant, Icon Of Coil, Culture Külture o Colony 5. Así que sin duda este libro creo que viene a cumplir el **objetivo que se planteó de entrada de servir como una guía, para conocer estos grandes artistas.**

Gracias a Internet y a las tiendas de streaming, ustedes pudieron adquirir este libro y conocer sobre este estilo de música. Luego sí les interesa, podrán buscar más artistas y comprar su discografía ¿y por qué no, ir a a ver a una de estas bandas en vivo? Yo me pondría muy feliz sí al hacerlo, me recuerdan y dicen: ¡Esto vale la pena! Guillermo Coronel tenía razón.

Para que sea más entretenido voy a poner la lista con sus respectivos links, aprovechando que este material de edita en formato digital. Y luego pondré algunos comentarios de presentación. Utilizaré la misma metodología con los álbumes, pero no me extenderé en las descripciones de las obras, a modo de incentivarlos a que escuchen cada uno de los 20 lanzamientos que propongo.

Tanto con los artistas que escogí, como con las 20 obras de la selección que voy a poner este libro electrónico, es corta y es a modo ilustrativo digamos... Sé que hay artistas y álbumes que quedan afuera, y tal vez que ni escuché y ni siquiera conozca...

Pero como mencioné al principio, yo no escribo esto porque creo que mi palabra es palabra mayor... Sólo lo hago para que se tenga un pequeño pantallazo del Futurepop, hecho por alguien que ama el estilo y que un melómano a niveles superlativos.

Como dije antes, el material que escogí, no significa que sea el MEJOR, ni lo que más merezca ser escuchado, sólo debía escoger con los criterios objetivos que ya mencioné, para que este trabajo sea informativo y les deje algo. Cuando terminen de leer este trabajo, van a estar conectados con muchas canciones y muchos músicos súper profesionales, que merecen ser valorados por todo el mundo. Yo como dije antes, como amo esta música, con este trabajo comparto un poco de este amor con ustedes.

"Si alguien te recomienda una canción, debes escucharla, porque esa persona te está compartiendo un pedacito de su felicidad" Gustavo Cerati.

También les voy a dejar mi lista de artistas destacados del Futurepop y sus géneros aledaños y su país de procedencia con las siguientes referencias para demostrar que el Futurepop va a conquistar el mundo

Por si no llega a ver el dibujo de cada bandera, por cuestión de formato de texto les voy a dejar las referencias de cada uno de los países de donde provienen los músicos de esta selección.

US: Estados Unidos
   DE: Alemania
   NO: Noruega
   GB: Gran Bretaña
   MX: México
   ES: España
   RU: Rusia

1.NamNamBulu (/)
   2.**Seabound** ()
   3.Colony 5 ()
   4.VNV NATION ()
   5.Frozen Plasma ()
   6.Eloquent ()
   7.Icon Of Coil ( )
   8.Code 64 (/)
   9.Apoptygma Berzerk ()
   10.Neuroticfish ()
   11.Chrom ()
   12.Vangaurd ()
   13. In God Faith ()
   14.Ruined Conflict ()
   15. Covenant ()
   16.Culture Kultur ()
   17.Mental Discipline ()
   18.Assemablage 23 ()
   19.Solitary Expirements ()
   20.Nórdika()

1. **NamNamBulu** (/): Este dúo compuesto por Henrik Iversen (voz y letras) y Vasi Vallis (composición y arreglos) sus temas simplistas, bailables y pegadizos son de gran impacto y la voz de Iván sin duda da que hablar

2. **Seabound** (): EL Doctor Spinath, hace estremecer al público. Frank Spinath y Martin Vorbrodt son un dueto con un sonido único, percusivo e intenso. No abusan tanto del estribillo y sus letras son muy profundas. También el trabajo vocal del Spinath se distingue de la demás banda, utilizando voz neutral pero expresiva a la vez, variando su volumen para lograr diferentes climas y expresar emociones.

3. **Colony 5** () /(): Magnus Löfdahl (1999−2001), Johan Nilsson (2001−2003) y hasta la última vez que se los vio como banda en 2008 P−O Svensson y Magnus Kalnins conforaron una banda excepcional. Basándose en el Synt de Depeche en sus iniicos. Los Colony 5 inauguran el milenio con un Futuepop de pura cepa y sin miedo a poner sus sintetizadores y la voz grave, nasal, características propios del estilo como su impronta propia. Tampoco se han rehusado a describirse como músicos de Futurepop.

4. **VNV NATION** (): Ronan Harris y Mark Jackson, fundaron una de las bandas que marcaron el camino a todo lo que conocemos como Futurepop, ósea de todo lo que estamos hablando acá... Unos pioneros y grandes artistas que tuve la suerte de ir a ver y sacarme una foto...

5. **Frozen Plasma** (): Felix Marc, de Diorama como frontman y haciendo lo mismo que en NANNAM BULU; se juntaron para crear un dúo que se transformó en indispensable para hablar de la escena, combinando matices de EBM, con un Futurepop de sonidos súper analógicos evocando a la sonoridad de los '80 pero con el toque moderno y actual que estos artistas de gran

experiencia le aportan a toda su música.

6. **Eloquent** (): Steven and Randall de USA, son por sobre todas las cosas amantes del Synthpop, ellos merecen ser mencionados en este libro, por su pasión a la música y por publicaren el 2003 disco "Future Pop", que si bien no se trata específicamente de estilo música, le hace honor al género por su calidad y por los sintetizadores como instrumento calve en toda esta obra, cuya reseña está más adelante.

7. **Icon Of Coil** ( ): Andy La Plegua, productor y compositor, no solo está al frente de Icon, sino que es conocido por la banda EBM/industrial Combichrist y tiene otros proyectos como Panzer AG y Scandy e Icon of Coil. Este último fue uno de los proyectos de la escena nórdica, junto con Covenant o Code 64, que empezaron a hacer un Synth moderno y empezaron a moldear los cimientos del Futurepop.

8. **Code 64** (/): Los 2000 comenzaron con bandas under que fueron formando a lo que entendemos por Futurepop, tema que estamos tratando de presentar en este libro. Henrik Piehl, Christian Espeland, Hasse Mattsson, Bjørn Marius Borg iniciaron este proyecto en Noruega, del 2000 hasta el '13 y luego los Hasse y Bjorn se conviertieron en Xenturion Prime. Estas bandas innovaron y le aportaron frescura a la escena nórdica, como ningún otro proyecto hasta ahora. El trabajo vocal de Bjørn se diferencia en gran medida por el uso de voces y altas y bien arriba y mucho vocoder en Xenturion, distinguiéndose así del estilo del Future convencional.

9. **Apoptygma Berzerk** (): Mejor conocidos como "Apop", a finales de los ´90 como respuesta a casi toda una década de Synth anglosajón clásico Stephan Groth es uno de los primeros en nórdicos en mostrar un proyecto electro revolucionario. Como señalamos en anteriormente en el libro, a él le debemos el mote

de "Futurepop". Groth recorrió el mundo con su banda, y fue uno de los pioneros en animarse a salir de Europa con este estilo nuevo, under y que a partir del principio del 2000, se lo conocería con un nombre nuevo, llamado Futurepop …

10. **Neuroticfish** (): Terminando los '90 Sascha Mario Klein de Alemania saca a relucir este proyecto de Synthpop moderno en donde influencias de EBM desbordaban en su sonido. Mostrándose con un perfil bajo, la banda fue sacando discos profesionales cada vez mejores y se la empezó a ver progresivamente en eventos de alto vuelo. Esta es otra de las bandas que nacieron justo en el momento en donde se empezó a gestar el Futurepop y en uno de los países en dondel Synth y el Future tiene los mejores referentes. Es muy positivo que ahora podamos encontrar su discografía en las plataformas, para poder disfrutar, porque antes no estaba.

11. **Chrom** (): "Christian Marquis y Thomas Winters forman Chrom en 2007. La banda tiene muy pocos discos, sólo 3 pero cuenta con más de trayectoria. Sus discos son una combinación de Synthpop puro, con una pisca de EBM, pero con un sonido muy actual. La diferencia la marcan con sus letras dark, sus letras simples y el juego de voces en donde Winters se suma a enfatizar con vocoder, lo que se está cantando con distorsiones de ese dispositivo. Para los distraídos pueden sonar un poco parecido a Depeche Mode, pero sólo porque son amantes del Synth y a sus canciones le agregan su impronta bien hard, logrando un sonido único.

12. **Vangaurd** (): En 2008 Jonas Olofsson y Patrik Hansson formaron Vanguard en Suecia. Su estética, su capacidad creativa para plasmar en arte gráfica de la tapa de sus discos y sus canciones bien potentes y uptempo, lograron que esta banda se gane un lugar privilegiado en la escena nórdica para llegar a

todos los amantes del Synth. Han ganado mucha repercusión pisando los escenarios más importantes de la escena de todo el mundo.

13. **In God Faith** (): Desde el 1998 Kai Németh encabeza un proyecto de Synth cargado de elementos de rock y pop. Si bien en su trayectoria ido evolucionando sus últimos lanzamientos son dignos de admiración, ellos son dueños de una musicalidad única, que enaltece al Futurepop. Esta banda, le aportan mucha clase, con sus arreglos en piano a sus temas, que podían tener una estructura simple, pero que la cargan de información y recursos musicales amplios, que incluso se observan en el gran trabajo vocal del cantante, que va más allá del tipo de canto del Future, utilizando herramientas y técnica vocal propias del pop y también del rock, muy a lo U2...

14. **Ruined Conflict** (): Ruined Conflict es una de las bandas revelación. Su constante trabajo creando música y su presencia en Internet hacen que se destaque. Pudiendo ser capaz de mostrar componentes del EBM, Rock, inudustrial, logran un estilo muy amplio y abierto, que por momentos me recuerdan a VNV NATION o NIN. Xavier Morales and Eric Holzer, También con más de diez años de trayectoria, ellos pudieron recorrer Europa y su región y compartir fechas con los mejores de la escena. Su enérgica música es muy abarcativa, pero el beat y el sinte siempre sobresalen en sus canciones.

15. **Covenant** (): Covenant tiene una potencia y una energía sin igual. Desde la voz, hasta la percusión bien reluciente de la banda hasta el sonido penetrante de los sintetizadores. Tuve la suerte de ver hasta banda en vivo, y les aseguro que fue una experiencia única. Los graves y lo potente de su voz y los apartaros que tenían retumbaban en los oídos, la voz de Eskil Simonsson sonaba muy bien y muy fuerte... ese show es una de las razones por la cual

estoy escribiendo este libro.

16. **Culture Kultür** (): España no se podría quedar afuera del Future. Esta banda en el final de los 90 empezaron con un Synth agresivo, cantado en inglés que se fue suavizando para dar con un Future de alta calidad. Su cantante también es vocalista de Har Belex. A mi ver el ingeniero Salva Maine es uno de los mejores cantantes de Futurepop y por toda su trayectoria y su participaciones y colaboraciones en otros proyectos, es uno de los artistas que más entiende del tema, y para sorpresa de muchos, no proviene del Reino Unido, los países nórdicos, o Alemania.

17. **Mental Discipline** (): En este caso hablamos de las nuevas generaciones, Alex Mental encaró este proyecto sabiendo muy bien lo que quería. En su primer álbum "constelation", contó con nada más y nada menos, con grandes participaciones de cantantes como Salva Maine, de Culture Kultur o Felix Marc. Este chico que a sus veintitantos años empezó a lo grande, supo mantenerse así, tocando en eventos importantes de Europa y a lo largo de su amplio país.

18. **Assemablage 23** (): A fines de los 80 el productor estadounidense Tom Shear formaba Aseemblage 23, con toda la influencia del Synth 80 pero con la frescura de un joven que quería aportarle modernidad y su escencia. La banda le ha aportado grandes éxitos al Synth y una forma de escribir canciones diferente, con letras largas y cargadas de poesía, sin apelar tanto al estribillo corto y con una gran producción musical, que hace que se observe muy bien lo innovador de su obra. Otros proyectos en los que participa Shear son: Surveillance, backandtothelef,Nerve Filter y Bruderschaft.

19. **Solitary Expirements** (): Esta es otra banda clásica del Futurepop. Con muchas canciones en alemán, con una estética

bien Futurepop y con una trayectoria que data desde mediados de los '90 esta banda que quizás nunca tuvo un perfil tan alto, y recién en los últimos 5 años se fue haciendo un poco más conocida, tiene mucha autoridad y mucho peso en la escena. Su obra muy influida del EBM, ha sido capaz de mostrar a lo largo de su carrera diferentes facetas, con matices góticos, con un poco de atisbo Punk, pero nunca olvidando los sintetizadores y el Futurepop como estilo para definirse.

20. **Nórdika** (): Latino-América por suerte puede mostrar dignos representantes del Futurepop. Desde el 2008, Alejandro Marin Ríos, empieza en México un proyecto llamado Nórdika. Este emprendimiento musical supo ganar trascendencia rápidamente, por su frescura y porque pudo instalar un pop electrónico, quizás en donde habría un espacio que llenar. Si bien en Perú y en México hay grandes eventos internacionales, la escena en Latino -América es muy pequeña, pero lo que logró Nórdika es de alguna forma impulsar esta música, compartiendo escenarios con los mejores y colaborando en canciones para los mejores artistas y los artistas colaborando en canciones de él, como es el caso de Felix Marc o Hernik Iversen. Me da mucho orgullo que alguien pueda sostener las banderas del Future de nuestra región, porque inspiran a nuevos artistas a seguir por este camino.

Artistas prolíficos destacados:

Vasi Vallis:
Proyectos: NamNamBulu/Frozen Plasma/Reaper.
Roles: Tecladista, Compositor.
Géneros: Futurepop/Synthpop/Industrial.
Chris Pohl.
Proyectos: Blutengel, Terminal Choice, Tumor, Pain of Progress, Seelenkrank y Miss Construction.
Roles: Frontman/Cantante/Compositor /Productor.
Géneros: Dark/DarkElektro/GothicElectro/DarkSynth.
Felix Marc:
Proyectos: Diorama/Frozen Plasma/Solista.
Roles: Frontman/Sinteman/Compositor/Productor.
Géneros: Eelctropop/Synthpop/Futurepop.
Frank Spinath:
Proyectos: Seabound, Edge Of Dawn, Ghost & Writer
roles: Cantante/letrista.
Géneros: Techno/Futurepop/Trancepop.
Thomas Rainer:
Proyectos: Narcthmahr /l'ame inmortelle.
Roles: Frontman/ Compositor/Prodcutor/Cantante.
Géneros: EBM/Harsh/Industrial.
Andy Lapegua:
Proyectos: Icon of Coil. Combichrist , Panzer AG y Scandy.
Roles: Productor/compositor/cantante/frontman.
Géneros: Futurepop/Harsh/Ebm/Industrail.
Vince Crark:
Proyectos:Erasure/Yazoo/ Depeche Mode /VCMG.

<u>Roles</u>: Sinteman/compositor/Cantante.
<u>Géneros</u>: Synthpop/Electropop/Pop.
Marcus Meyn:
<u>Proyectos</u>: Camouflage/M.I.N.E.
<u>Roles</u>: Frontman/ Compositor/Frontman/Cantante.
<u>Géneros</u>: Synthpop.
Gerrit Thomas:
<u>Proyectos</u>: Funker voght/Eisfabrik .
<u>Roles</u>: Compositor/Productor/Sinteman.
<u>Géneros</u>: Synth/Synthpop/Futurepop.

Mejores bandas de Synthpop Internacional:

Kraftwerk
  Camouflage
  Depeche Mode
  Psyche
  Red Flag
  Mesh
  De/Vision
  Pet Shop Boys
  Erasure
  New Order
  And One.
  Eurythmics
  Modern Talking
  Cetu Javu

Beloved
Cause & Effect
Iris
Beborn Beton
Distain
Wolfshein
Experimental:
Vangelis
Jean Micharl Jarre

Mejores bandas de Ebm/Industrial:

Front 242
Nitzer Ebb
Orange Sektor
Die Krups
Funker Voght
Skinny Puppy
Grendel
Deutsch Amerikanische Freundschaft
Nachtmahr
NIN

Mejores artistas argentinos:

Alejandro Alba: Synth/Future
Luis Marte: Electrónica Experimental/Techno

Richter: Electrorock/Cyberpunk Electro/Ebm
Matias Kritz: Ebm/Synth
Reflection: Future/ElectroPop
Punto Omega: Electro/Ebm:
Hidden Souls: Futurepop Puro
Adicta: Synthpop/ElctroPop/Darksynth/Futurepop/Techno
Daniel Melero: Pop/Techno
Cosaquitos en Globo: Synthpop
Patokai: Synth/Cyberelectro/Cyberpunk

-

-

Selección de mejores obras

Sin intención de mostrar un ranking y dispuestos en un orden aleatorio vamos a describir en tandas los mejores discos, pero con un podio de los dos más representativos del género según mi punto de vista:

Pathways (2008): Es el primer disco de Felix Marc, quien no le bastó con cantar en Frozen Plasma y tocar en Diorama e inició su carrera solista que ya tiene cuatro discos de estudio y grandes éxitos. En este disco se destacan el corte "Give Back The Moments", "Digital Love", y "Belles", canciones que van a definir la impronta de este prolífico compositor alemán.

Synergy (2000): El disco en vivo de Covenant, que ha sido capaz de registrar todo su potencia y energía es un regalo para todos nosotros. Covenant con este álbum y con esa gira por Europa, se ganaron el prestigio que le ha partido viajar por todo el mundo, siendo un proyecto independiente y modesto. El Show del 2012 que realizó en Argentina, fue unos de los mejores que ví en mi vida, en donde han presentado "Modern Ruin" y grandes clásicos que figuran en Synergy, como "Feedback", "Stalker" o "Go Film", cada vez que lo escucho me acuerdo de ese momento increíble.

Structures (2003): Este quizás sea el disco más musical de Colony 5. Con composiciones más complejas desde lo armónico que su antecesor "Lifeline" va a marcar el camino para el álbum que los ha hecho conocidos, "Fixed" donde retoman a sus raíces minimalistas y a canciones más básicas, pero tomando algo del legado de Structures. Este álbum tiene temas más downtempo que cualquier otro y se destacan los singles "Black" , "God" y "Synchronized Hearts". Algo llamativo de la banda es que, hasta su último disco del 2008, el cantante sonaba muy parecido a Gahan de Depeche Mode, demostrando la influencia arraigada por la etapa inicial del fanoso trío inglés.

No Sleep Demon (2001): Seabound que anteriormente tenía un demo llamado "Blue" aparentemente... publica su primer álbum, quebrando todos los paradigmas habidos y por haber... en principios por la voz neutral, sabe y rasposa y a los gritos viscerales del Doctor Spinath, en segundo lugar por proponer un estilo muy percusivo, donde el beating es lo fundamental en las canciones y las melodías son dibujadas entre las secuencias de fondo con sintetizadores sin ningún prejuicio... Seabound se ganó un lugar en la escena, sobre todo por sus interesantes letras, y Spinath ha aportado su voz en Edge Of Dawn, y Ghost & Writer... Los temas "Travelling", "Hooked" o "Exorcise" son la carta de presentación para conocer a esta increíble obra.

Distance (2005): Este disco es bailable, es alegre tiene canciones pegadizas y con muchas rimas en sus estribillos y quizás sea uno de los mejores discos de este dúo. El estilo es homónimo a Frozen Plasma, me imagino que a esta altura que ya sabrás que lo único que cambia en ambos dúos es el cantante. Vasi Valis es tecladista en ambos grupos y creador de Reaper. Para mi Frozen es más dark y tiene un toque más EBM que NNB, como se suele nombrar al dueto. NNB en este álbum pone toda la carne en el asador digamos, ya que que hits como "Memories" o "Now o Never" aparecen reversionados y mejorados de una forma tal que el disco se escucha muy bien. Se ve que no escatiman esfuerzos y recursos la hora de grabar, y a pesar de que la banda esté compuesta por sintetizador y hombre, la mezcla y el máster hacen que todos los disos de esta banda suenen muy bien.

Anthology (2015): Como dice el título, en este álbum vamos a encontrar una recopilación de In God Faith con lo mejor de su material. "Explore", "Someone" o "It's tearing me apart" son algunos de los éxitos que figuran en el. Este lanzamiento que reúne la selección de lo *"mejorcito"* de esta banda alemana, es clave para seguir investigando su trayectoria y disfrutarlos en todas sus etapas. La banda desde el 2008, ha ido creciendo y experimentando con estilos diferentes, pero el Sintetizador, siempre fue clave en la estructura compositiva de sus canciones.

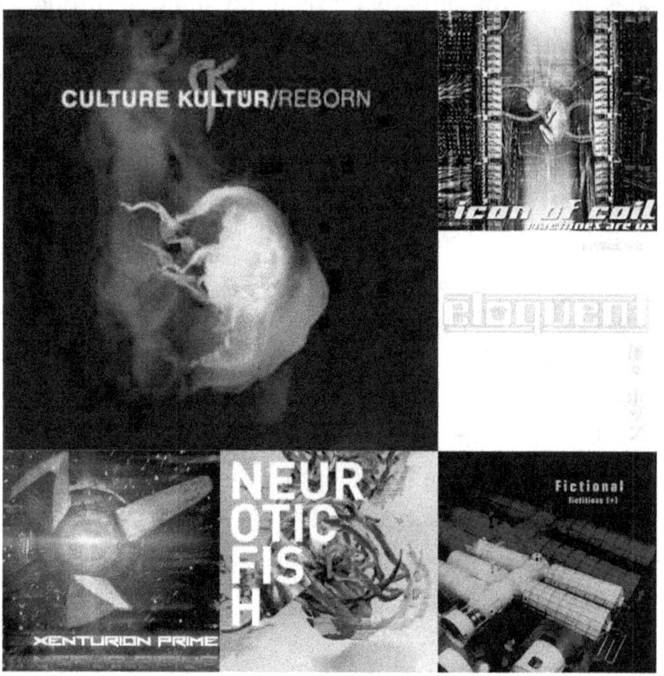

Reborn (2006): Reborn es para mi el mejor disco de esta banda española, este álbum llegan al clímax de su sonido. Con los sintetizadores en primer plano la calidad del sonido es extrema. La voz que utiliza Salva Maine es hiper grave y se percibe bien potente. "Coma", "Time Wave", "The Analyst" o "Distress Call" son canciones que se destacan por su intensidad y su fuerza, destacando "Coma" como la canción lenta del disco.

Future Pop (2009): ¡Y... el nombre lo dice todo!... Quizás no es la intención de la banda hablar de este género en sí, pero es un ejemplo que el concepto ya se había instalado en la escena internacional del Synth. Un disco ultra synthpopero, muy al estilo Vince Clark, pero que habla del futuro de la música en la canción que le da el nombre al álbum, cuya letra está en destacadas. También esta banda está en nuestra lista de bandas favoritas, por su calidad artística y por estar a la vanguardia de los conceptos que entendemos en este libro que entra en el género Futurepop.

Machine Are Us (2004): Pioneros del sonido del Futurepopp, Icon Of Coil con este disco sellan un sonido y una estética con la que podremos definir el Futurepop, a tal punto que si me pidieran que defina al Futurepop con música, yo les haría escuchar este disco. "Monooverload" o "Shelter" son dos canciones destacadas de esta pieza, que en su momento salió en forma física. Si este género ha roto todos los moldes como suelo decir, este disco, es muy actual y muy avanzado para la época... Esta obra, que mezcla elementos del industrial y el EBM, empieza a delinear rumbo, como ningún otro álbum.

A Sing Of Life (2014): Después de algunos años sin nada nuevo de este proyecto que encabeza Sascha Klein, sale este álbum tan esperado, con un Synth exquisito y con una buena estrategia de difusión, donde, el ahora dúo empieza aprovechar más las redes sociales. Por eso, difunde mucho el corte promocional "Silence", con un clip muy original y en donde vemos a un Klein renovado, no sólo en las energías creativas, sino con un cambio de look. Este disco es muy completo y tiene un gran sonido. Esta banda siempre ha mantenido un perfil bajo, pero desde hace años que publica música de modo profesional, editando discos completos, si no la conocían, esta es una oportunidad para descubrirlos.

Fictitious (2004): Este disco es una obra maestra de Synthpop ortodoxo. Lo que cambia es quizás el uso de la voz muy al natural distinguiéndose de la fórmula del canto de Synthpop clásico. Variando de ritmos y sin abusar en general de los estribillos cortos, de este álbum proviene uno de los clásicos del

Futurepop que han marcado la historia de Gerrit Thomas, quien se encuentra entre las entrevistas destacadas de los músicos de aquí. El tema es "Blue Lights"

Mecha Rising (2014): A principios de la década anterior se anunciaba la despedida de una de las bandas pioneras del Sonido Nórdico, Code 64. y en el '13 en formato de dúo Bjørn Marius Borg, y Hasse Mattsson comienzan a trabajar en el proyecto Code 64. Más maduros, con todo el prestigio y trayectoria lanzaron este álbum con mucho contenido artístico y en donde se nota el nuevo estilo que estos artistas quieren presentar.Ellos no tienen que convencer a nadie, ni necesitan mostrarse, se nota que este nuevo material, donde usaron mucho hardware, y un sonido experimental, han jugado mucho y se han divertido y a la vez han demostrado su infinita creatividad. Obvio que el disco hizo mucho ruido, los fans de CODE 64, esperaron mucho la llegada de la nueva música del dúo y sin lugar a duda se sorprendieron para bien. Todos los nuevos cambios de estilo y todos los recursos musicales adquiridos fueron bienvenidos, no sólo por la audiencia de CODE 64, sino por toda la escena Nórdica. El single "Rise" fue el corte de presentación, en donde se los ve con su nuevo look y en donde reflejan toda la potencia y la nueva energía que este proyecto prometedor iba a tener por delante.

Constellation (2010): Luego de algunos Singles Mental Discipline publica su primer su álbum, con aportes de las voces de los mejores artistas colaborando en sus canciones. Todas con las fuerza y la energía de un disco muy movido y de una calidad exquisita, en donde el joven ruso cuenta con la participación de de varios artistas inernacionales, como por ejemplo, Felix Marc que colabora en "Fallen to Pieces" o en "Disguise" en donde interviene Salva Maine de Culture Kültur. Lo que demuestra que Alex tiene mucho para dar, si se banca a los pesos pesados imterviniendo en sus cancioenes, y que Mental Discipline va a dar que hablar. Y así fue. Mental Discipline es uno de los proyectos de su país, más aclamados de Futurepop y su sello "SkyQode" es el proveedor de artistas y lanzamientos de Rusia y Europa del este más importante del momento.

Storm (2004): Storm, viene a consagrar un sonido profundo y una nueva forma de entender al Synth, después de de Failure en el 2001, el nuevo milenio le iba a traer mucha energía creativa a Tom Shear. Este disco contiene el hit clásico, que a mi criterio es como " De música ligera" para Soda Stereo. Me refiero a "Let The Wind Erase Me". Este álbum es muy útil para entender la música de este gran compositor y productor americano. Cada vez que nos topemos con músicos americanos o ingleses, las letras van a ser más complejas en general, por la obvia razón de la incorporación del inglés como idioma nativo. Pero Shear definitivamente es todo un poeta, y en conjunto con su musicalidad, realmente puede trascender la barrera del audio a las emociones.

The Parallel Project, Fusion (2004): Parallel Project es un compilado de varios artistas de la disquera Out Of Line, que impulsa este proyecto en donde todos sus músicos se juntan a componer y colaborar en canciones inéditas. Una estrategia muy común para promocionar el potencial de sus músicos, que en ese momento algunos estaban dando sus primeros pasos o muchos le encontraron el punto a sus carreras. De hecho, entre otros tantos músicos, han participado Tom Shear con "Explicit" de Aseemblage 23 y Salva Maine de Culture Külture con una muy bella canción, llamada "Alchemy" (que figura en la selección de mejorrd letras).

Artificial (2006): Un álbum de esos de que salen cuando la banda viene teniendo éxito, y en donde hay mucha expectativa. Después de instalarse con su sonido un mix entre EBM y Future-pop y luego de haber colocado hits como "Warmongers" o "Tanz

Die Revolution" en la escena europea, Artificial le imprime a la obra del dúo alemán un plus más de calidad musical. Las canciones de Artificial tienen mucho de la musicalidad de Felix Marc, por eso, este es disco más electropop de la banda o el más suave. La sensualidad y el estilismo musical de un Pop, como el que podemos disfrutar en bandas como Pet Shop Boy o Erasure se encuentra en temas como "Home", "Condense" o "Betrayed", pero el hitazo del disco sin duda "Crossroad", con la impronta de Valis y replicando el sonido de NamNam Bulu, que se lleva todos los laureles.

Penomena (2013): Solitary Experiments es una una banda que a lo largo de su trayectoria ha sabido poner todas sus influencias en sus música, un poco de punk, un poco de gótico, mucho Synth el industrial nunca faltó, y el EBM por sobre todas las cosas. Este álbum de 20 canciones es un muestrario de todo lo que nos tiene para dar esta gran banda. Fue un trabajo discográfico muy bien valorado en todo el mundo, con un arte de tapa alucinante, tal, que me acuerdo que se habló mucho en las redes de ese disco. "Quicksand" es la canción más digerible para todo público y la destaco, porque es mi favorita, no sólo del álbum, sino de la banda.

Spirit (2010): Spitrit es uno de estos discos que a las bandas le salen, igual o mejor que al anterior. Creo que se nota que esta banda me gusta mucho, porque menciono dos de sus últimos trabajos como los mejores obras de Futurepop y la banda figura también entre las mejores.. ¡Pero estoy realmente convencido de ello! Spirit cuenta con los hits, "Sieged", "Toxic Pulse" y "Drum Machine", y es un disco un poco mas suave que su predecesor, por lo que se puede afirmar que tira más para el lado del Synthpop. Es más, hay un cover muy especial en Spirit...es un clásico de todos los tiempos... pero me gustaría que el lector lo descubra Con este álbum conocí a esta gran banda, por lo que es sugiero que lo escuchen.

.

PODIO: DOS TÍTULOS MÁS REPRESENTATIVOS DEL FUTUREPOP

COLONY 5
[LIFELINE]
VNVNATION
FUTUREPERFECT

Lifeline (2002): Lifeline es un disco que al principio alude mucho a Depeche Mode, pero en el transcurso en el que van pasando sus canciones, hay un agregado de EBM que le dan un sonido super hard, que lo saca del Synthpop clásico. Pudiendo combinar ritmos, es decir canciones lentas y melancólicas, como "Freedom" o "Suicidal", de carácter sombrío, y con un tono bastante dark, pero todo esto, perpetrado con sólo sintetizadores.Por eso nos recuerda tanto a Depeche ...". Claro, que para los fanáticos de Depeche, esta propuesta les iba a llamar la atención. Pero está claro, que mientras Depeche avanzaba en su búsqueda de sonidos, Colony 5 se mantuvo en el sintetizador bien firme como su gran recurso e instrumento clave... y por eso los queremos tanto desde aquí. Prueba de esto es "Stay Young", hiper bailable y bien arriba, con un estribillo muy simple y superficial desde la letra, capaces de mostrar todas estas caratcterísticas de entrada...

Futureperfect (2002): Hoy Harris es solista en este proyecto llamado VNV Nation. Futureperfect habla de una distopía de un mundo oscuro que viene, con 15 canciones plagadas de sonidos metálicos, intensos y con canciones bien potentes. Uno de sus tantos clásicos, "Epicentre" está aquí.... Ver en vivo a esta banda, fue una experiencia única... A pesar de que Harris no es un gran cantante, es todo un Frontman que se apodera del escenario, y poder escuchar esta canción en vivo, en un lugar pequeño, sin ventilación... fue como estar en un trance... Este disco es como "Violator" para Depeche.

VNV Nation, pioneros de esta forma de hacer música Synth, no podían faltar en este libro y tener esta mención especial. Toda su energía, su potencia, su fuerza y tanta pasión que transmiten realmente ha marcado como nadie a las generaciones venideras de músicos electrónicos que a la vez son compositores de canciones, que se sigan haciendo música y que utilicen esos mágicos sintetizadores para hacer maravillas.

Entrevistas

PLAZMABEAT, MARZO EL 2015

Más allá de la lista que les dejo algunas entrevistas de mis
entrevistas destacadas de mi blog.

Me gustaría saber de que hablan sus letras en general, croe que podrían sería bueno escuchar en tus palabras los conceptos generales de lo que tratan sus canciones.

Nuestras letras hablan mucho de amor y de relaciones, Esto es muy importante en la vida de la gente, esto puede ser doloroso y traer felicidad también. Esto es una escritura "életünkrül". Quizás vos estás al tanto, que Niki no somos nada más que compañeros de banda... Nosotros empezamos como compañeros de banda, luego fuimos amigos y nos enamoramos, vivimos juntos hace 3 años. Muchas canciones hablan de nosotros, pero no siempre escribimos sobre el amor. Nuestro último álbum llamado "Kábítószerelem" es un juego de palabras: kábítószer: drogas y "szerelem" amor, *entonces quedaría algo así como "drogamor" en español. Esto significa que uno sufre en el amor, como en cualquier adicción cuando se encuentra en abstinencia... pero que quede claro que no es apología a las drogas... nosotros no consumimos. ¡Pero el amor es una droga!*

¿Qué pueden adelantarle al público argentino y latinoamericano sobre su último álbum?

_Nuestro nuevo álbum es un viaje en el tiempo en el Synth de los 80 y 90, combinado con elementos modernos. Es álbum netamente pop, no industrial o sin nada de EBM, es definitiva Synthpop clásico, cargado de beats bailables y muchas melodías. Nosotros escuchamos mucha música de los 80, como Depeche Mode, Kraftwerk, , And One, Apoptygma Berzerk, Colony 5, etc, y estamos muy inmersos en esta inspiración y recomiendo el disco para quienes disfruten esta música.

Esta es una pregunta muy interesante mi amigo... ¿A qué le podríamos llamar famoso? ¿A ser conocidos y ganar dinero por hacer lo que hacemos?... nosotros somos conocidos a nivel underground y en verdad en este ambiente no se gana mucho, tenemos ganancias normales, no vivimos de la música. Nosotros hacemos los videos e intentamos plasmar calidad, lo cierto que es que pareciera ser, que en este país la calidad no se valora mucho y las discográficas no invierten en nueva música porque es costoso...

No suelo hacer preguntas personales, pero en este caso, siendo que son de tan lejos y que llevan una vida en pareja, me gustaría saber como combinan la música con la vida cotidiana.

–Plazmabeat es un hobby, Nosotros sólo hacemos música en nuestro tiempo libre. Tenemos un trabajo real al que asistimos todos los días. Ambos trabajamos en una fábrica. Yo trabajo con

mucha gente configurando herramientas y maquinaria para que los trabajadores utilicen en sus tareas cotidianas. Ella trabaja en la oficina con un montón de papeles. También tengo 2 hermosos hijos de una pareja anterior, y los cuatro jugamos y nos reímos un montón todos los días. Nosotros tenemos una vida, no somos celebridades, solo hacemos música,

Por último, cuentanos donde podemos seguirnos en las redes sociales e internet.

–¡Por supuesto! Tenemos una página web, redes sociales y nuestra música está en todas las plataformas digitales.

http://www.plazmabeat.hu
  https://www.facebook.com/plazmabeat
  https://www.youtube.com/user/plazmabeatofficial

–Gracias por la entrevista. Amigos de Argentina ¡Plazamabeat os ama!

Grag / Plazmabeat.

HECTOR MARIN (NÓRDIKA), AGOSTO 2020

https://medium.com/@EbmLoversMagazine/entrevista-a-h%C3%A9ctor-marin-n%C3%B3rdika-265bddaa6b6c

Nórdika comenzó en el 2008 más de una década ya, ¿Cómo ves la evolución de tu trayectoria, sientes que todavía quedan objetivos por cumplir o te queda alguna asignatura pendiente?

Antes que nada, gracias por la entrevista. Hemos tenido la fortuna de poder plasmar en nuestros álbumes diferentes matices, también de visitar diferentes latitudes alrededor del mundo en conciertos en vivo, solo el año pasado estuvimos en dando conciertos en Alemania, Dinamarca y España, consideramos que son logros importantes para Nórdika y para la música underground en nuestro país, pero todavía tenemos mucho por expresar y metas por alcanzar, que esperamos tener la fortuna de lograr.

Hemos visto que Nórdika te ha dado la posibilidad de conocer a renombrados artistas de la escena internacional del Synth/Futurepop, que han colaborado en tus lanzamientos y tú en lanzamientos de otros ¿Cómo has vivido la experiencia de compartir proyectos con grandes músicos de Europa y Estados Unidos?

Es aprendizaje, crecimiento, al conocer diferentes métodos creativos, ideas, propuestas, en definitiva, una experiencia muy interesante que nos ha permitido ampliar nuestro espectro sonoro y conceptual.

En consonancia con la pregunta anterior, te ha tocado salir de gira por el exterior o compartir eventos en tu país con bandas internacionales ¿Cuál evento podrías que fue más anecdótico o memorable que nos quieras compartir?

¡Es una pregunta difícil de responder!, pues cada uno de nuestros conciertos han sido una experiencia enriquecedora y única, pero si debemos decidir, sería el primer concierto de Nórdika en Berlín, por varios motivos, primero al ser la capital de la música electrónica, por las bandas que compartimos escenario, y sobre todo por el recibimiento y respuesta del público, ¡fue grandioso!.

Todos sabemos que en Latinoamérica es muy difícil innovar en el arte y en la música. Por ejemplo, en mi país, Argentina, es muy complicado: las bandas grandes no vienen seguido, y por los problemas económicos que tenemos, nadie quiere invertir en traer grupos del exterior con poca audiencia ¿Cómo se desarrolla la escena en México? ¿hay festivales internacionales y un público amplio que le guste el Synth/Futurepop, EBM, etc?

México siempre ha sido cuna de grandes eventos, vienen muchos *artistas internacionales y siempre son bien recibidos, en estos géneros underground no es la excepción, hay grandes festivales, hemos tenido la fortuna de participar en varios y sido una parte de nuestro crecimiento, esperamos pronto formar parte de más de estos proyectos.*

Este año por la pandemia, se cortaron los eventos, me imagino como músico que se extraña el contacto de la gente en los conciertos, ¿No? ¿Has tenido que cancelar muchos conciertos debido al Covid?

*_Si ha sido difícil, en este año teníamos agendado nuestro primer concierto en Londres en abril en el festival de **Artefaktor**, el cual fue cancelado por la pandemia, tenemos la esperanza de que sea reagendado para 2021, extrañamos mucho el contacto con la gente, y estamos ansiosos por conocer nuevos escenarios en más países.*

¿Aparte de Nórdika tienes algún otro proyecto musical en que te encuentras trabajando con el sello Aquo Rec Records?

_Por el momento el enfoque esta en Nórdika, sin embargo, hay muchos tracks guardados que tienen un corte distinto, es probable que en el futuro se generen nuevos proyectos si se dan las condiciones necesarias. Aprovechamos para preguntar a tu audiencia, ¿Qué álbum ha sido su favorito de Nórdika? ¿Qué piensan de las canciones con un corte más alternativo que hemos incluido por ejemplo en el álbum "Winterheart's?

Por último, SI bien has lanzado un single en este año y un álbum el año pasado, pero de todas formas ¿Te encuentras trabajando en nuevas canciones que podríamos disfrutar este año?

_¡Claro! ¡Es inevitable, en lo personal yo como compositor es *una labor que llevo haciendo ya por 20 años y es por el placer de crear, de expresar y también es algo divertido, en este tiempo he aprovechado para conocer más a fondo la síntesis modular y técnicas de producción, ya hay tracks nuevos en camino, en español y en inglés, llegado el momento, que será muy pronto, les estaremos informando a través de nuestras redes, vienen cosas muy buenas!*

_Los invitamos a seguirnos en nuestras redes sociales y estar pendientes de los nuevos lanzamientos, ¡estamos seguros que les va a encantar lo nuevo! Y a los que aun conocen todo nuestro material los invitamos a conocer en la página de nuestro label:

http://aquorecords.bandcamp.com

_¡Un gran saludo a toda la comunidad electrónica!

MATÍAS KRITZ, NOVIEMBRE DEL 2019

https://medium.com/@EbmLoversMagazine/mat%C3%ADas-kritz-con-nosotros-7e194e47a34e

Matías Kritz, pionero del EBM en la argentina. Con este artista multifacético hablamos de su 30 años de trayectoria en la música y de sus comienzos en "Unidad de transmisión", una de las primeras bandas de latinoamérica en tocar EBM. De hecho fueron teloneros de los fundadores de este género cuando vinieron al país por primera vez, los belgas Front 242.

Matías Kritz es un artista argentino que nos llena de orgullo, ha expuesto su obra en varios países del mundo y por su espíritu inquieto que lo ha llevado a realizarse en varias disciplinas como fotografía, dibujo, esculturas, cine, entre otras.

Lo mejor de todo es que nos permite ver siempre su material en su sitio web y que en las redes sociales siempre le responde a la gente, como todo grande, es muy receptivo con el público, tal es así, que hemos hablado horas por teléfono cunado le dije de hacer la primer entrevista que publicamos hace años, en la anterior versión de este proyecto.

Podemos hablar de todo lo que hace Matías, pero haría falta

muchas publicaciones de este blog, y deberíamos llamar gente especializada para cubrir todo lo que hace, ya que él es poseedor de varios talentos y en todo lo que hace, le va bien. En esta entrevista intentamos conocer como piensa una mente tan creativa y le preguntamos sobre el presente de Kritz:

Hace poco has hecho un perfil en Instagram donde sólo hacés publicaciones de tu carrera musical, ¿Estás trabajando actualmente en nuevo material?

Este año se cumplen 30 años de la creación de Unidad de Transmisión junto a Carlos Shaw y del comienzo de lo que fue mi relación con la música, es por eso que para poder compartir tantos recuerdos he creado este nuevo perfil: @matiaskritzmusic en donde estaré publicando material de: Unidad de Transmisión, Carne para Cerdos, 202 (Ex Santos Inocentes) Live , tanto como del proyecto solista que lleva mi nombre, ya que mi perfil: @matiaskritz esta más relacionado a mis proyectos de artes visuales, como el proyecto de arte contemporáneo que llevamos a cabo junto a mi mujer y compañera de vida Alejandra, llamado @vanderkritz

Unidad de Transmisión es la primer banda en Latinoamérica de Ebm, ¿Creés que este proyecto te abrió las puertas en el mundo de música?

Unidad de Transmisión fue un proyecto que marcó una parte muy importante de mi vida, ya que solo tenía 15 años de edad y como te podés imaginar, tres décadas atrás las cosas no eran nada fáciles, así que le debo mucho a ese proyecto con relación a mi andar musical.

¿En toda tu carrera, de 3 décadas en la música, sólo te has relacionado con música de estilo electrónica?

En cuanto a mis proyectos, siempre he trabajado con máquinas y sintetizadores, pero nunca me he limitado a utilizar alguna clase de instrumento sobre otro, ya que siempre me interesó el resultado final sobre todas las cosas, he utilizado instrumentos acústicos tanto como electrónicos, y he trabajado como productor artístico para muchísimos géneros musicales.

Volviendo a Unidad de Transmisión, que es un tema muy interesante para este blog, ¿Cómo recordás la apertura del Show de Front 242, la banda fundadora del género Ebm?

Con respecto a la fecha junto a Front 242 en el año 2000, fue una experiencia inolvidable, tanto por lo que ellos representan para el género como para nosotros por ser nuestra primer reunión musical desde el año 1993.

Tu arte va más allá de la música como expresión, te destacás en artes plásticas, escultura, fotografía , entre otras, ¿Hay un punto en común en tu obra, o con cada disciplina que te desenvolvés o tratás temas diferentes en cada caso?

Toda mi obra, tanto musical como en las artes visuales tiene una forma estética de ser abordada, es por eso que hay un hilo conductor, el cual puede conocer todo tipo de temáticas y crear un universo de las mismas, es por eso que nunca tuve problemas de experimentar en mi trabajo, siempre fui guiado por mi intuición, sin importar el género musical o la opinión de un tercero, ya que como diría Alfred Hitchcock "Si no voy a ser yo mismo, ¿quién lo hará?"

¿Siendo un artista destacado en varias disciplinas, me gustaría saber, qué cosas te inspiran para crear?

No creo en la inspiración, creo en los accidentes de la constancia, en la experimentación, el la prueba y en el error, en el encuentro di-

ario y puntual con todos los proyectos en los cuales esté involucrado.

Sé que tenés todo material musical, decenas de discos, ciento de canciones en tu página en descarga gratuita, ¿Por qué no usas plataformas digitales que te darían utilidades por cada vez que la gente escuche tu música, como hacen la mayoría de los artistas?
 -*Estoy trabajando en eso, para poder organizar todo mi trabajo en diferentes plataformas.*

GERRIT THOMAS, OCTUBRE DEL 2019

https://medium.com/@EbmLoversMagazine/gerrit-thomas-repasamos-su-carrera-en-esta-entrevista-exclusiva-898b79c307f5

Con una fructífera carrera en el Synth, este músico sin duda es uno de pioneros del Futurepop. Con el me dí el gusto de hablar del EBM, Futuro y sus proyectos actuales octubre del 2019

Sos un músico con una trayectoria muy extensa en este género ¿Qué significa el EBM para vos?

El Ebm fue creado en los 80 por bandas como Front 242, Nitzer Ebb, Frontline Assembly , entre otras. Este es un típico estilo con ritmos de bases, beat bailables y una voz monótona. También creo que el estilo viene siendo influenciado por muchas bandas de hoy en la escena electrónica actual.

Y estos cambios con el correr del tiempo fue dando como resultado cada ves más estilos. Ya no quedan muchas bandas que hagan EBM puro hoy en día. Ahora hay muchas ramas, por ejemplo, el Futurepop o Hell Electro que definen la escena de hoy más que el EBM clásico.

¿Aparte de Funker Vogt tenés otros proyectos en este momento?

_Además de Funker Vogt solo estoy con Eisfabrik en este momento. Pero también estoy involucrado en algunas otras bandas en trabajos de mezcla y producción como Scheuber, Agonoize y próximamente Alienare.

A finales de los 90 también encaré algunos grupos: Ravenous, Fictional, Fusspils 11 en los que estuve unos años. Y en el 2012 publiqué un álbum con el nombre de Gecko Sector. Pero realmente ya no tengo tiempo para todos esos proyectos.

¿En tu opinión que necesita un músico para ser bueno el estilo EBM?

_Mientras que él o ella hagan bailar a la gente va a estar todo bien en el EBM

¿Cómo describirías la escena del EBM en Alemania?

Hay una escena pequeña del EBM si es que buscas del puro. Pero es solo una parte corriente gótica en Alemania que es mucho más grande. Pienso que pasa lo mismo en muchos otros países también.

¿Qué planes tenés en estos días?

_En estos momentos estoy trabajando en el próximo álbum de Eisfabrik que se supone que tendría que salir en noviembre. Además estoy masterizando y produciendo material de Alienare para antes de junio ya tendría que estar para después seguir con lo mismo pero con Scheuber. Luego me voy a poner con lo nuevo de Funker Vogt y para los finales de noviembre se vienen las giras de Eisfabrik, mi 2019 está completamente planeado.

Reagan Jones de IRIS Abril del 2019

https://medium.com/@EbmLoversMagazine/reagan-jones-de-iris-entrevista-excluisva-72efce3201f4

Tuve el honor de entrevistar al líder de Iris:

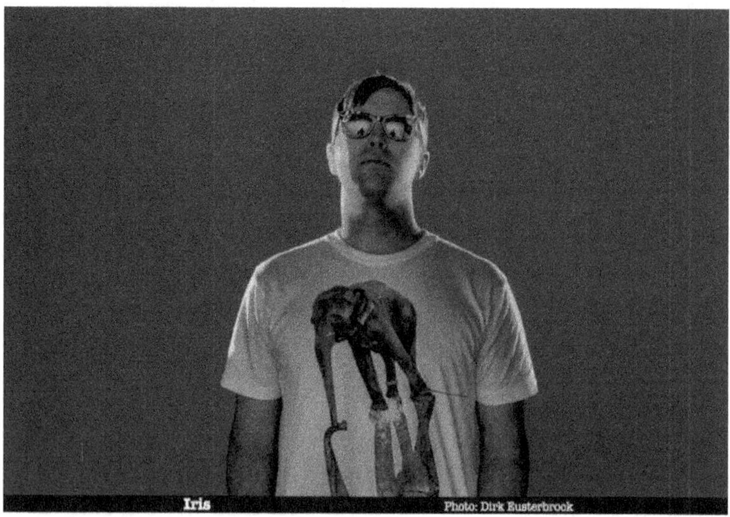

Para empezar, me gustaría saber como va el ultimo material de Iris en el que se encuentran trabajando.

Hace tiempo que nosotros estamos trabajando en un nuevo disco. Este proyecto nos viene llevando 5 años aproximadamente, es que nosotros dejamos que todo evolucione paso a paso. Ya tenemos terminado el arte y pensamos enviar todo, probablemente en una semana. Tenemos pensado muchos productos para vender el disco, como editarlo en vinilo, un disco aparte con ediciones especiales (lado B) y un booklet con cosas interesantísimas dentro.

lxxvi

¡Va a quedar muy bueno!, estamos muy entusiasmados!. También estamos planeando algunos shows, como el" Mechanismus Festival" en Seattle el 27 de junio y el Pluswelt Festival en Berlin en este otoño.

Reagan abriendo el este disco de Edge Of Dawn

Se que estás que encaraste un nuevo emprendiemiento como guionista de cine, ¿Cómo te está yendo con eso ?

_Bueno, hemos publicado un corto para el festival de Austin el año pasado, y pasé la primera ronda, lo que me ha dado un poco de confianza digamos. Ahora estamos trabajando en un nuevo guión de un largometraje desde hace 8 meses y tenemos cuatro semanas antes de la fecha de entrega a la AFF. Estoy en el ultimo tramo ya, será muy interesante si lo puedo llevar a cabo. Esto es algo nuevo para mi, y era algo que quería intentar y realmente lo estoy disfrutando. Me recuerda mucho a mis comienzos en la música, cuando empezaba a escribir canciones. Siento que fuera la vieja versión de mi mismo con o mas experiencia.

_Cuando comencé con iris me dediqué a descubrir como resolver , por así decirlo, el hecho de que no tenia experiencia alguna en escribir canciones, pero entendía cuando una canción me sonaba bien. Pienso que sí uno tiene esa intuición, lo que queda para hacer luego es ver si hay tierra para seguir cavando y buscar por ese lado. Y sí es por ahí, si encontrás algo bueno habrás creado algo que probablemente valga la pena y será valorado por alguien en algún lugar. Me pasa esto mismo al escribir guiones de cine, el tiempo dirá si puedo crear algo trascendente.

¿El cine tiene muchas posibilidades, vos solo te avocás a los guiones o te aventurás en algo más?

_El cine es mas riguroso que hacer un álbum. Andrew y yo trabajamos relativamente confortables desde nuestros estudios y mientras se va desarrollando este proceso trabajando muy duro,pero nosotros lo llevamos muy orgánicamente. En el cine hay cientos de partes en la película, por lo que es una disciplina artística meramente colaborativa. Tenés a los respectivos recaudadores de fondos, el director, el jefe de casting, el encargado de los efectos especiales, etc y todos son parte de una misma creación que debería funcionar. Entonces, aunque siempre he querido estar dentro del proceso creativo de lleno, me resulta realmente intimidante, lo siento como un sueño borroso hasta que empiezo a pensar en el guión, de esta forma tiene más sentido para mi. Puedo sentarme a escribir solo y en privacidad, al igual que las canciones, hasta que tenga algo que me lleve a la puerta del estudio apropiado.

Los actores y directores a menudo hablan sobre lo difícil que es encontrar buenos guiones, por lo que si son realmente raros, me gustan mucho más las probabilidades que tengo de realizar mi trabajo que si fueran comunes y completamente saturados. Todavía hay maneras de sobresalir en el cine.

¿Hay otro talento que tengas además del cine y la música?
_Es difícil de decir, porque he dedicado la mayor parte de mi esfuerzo a la composición de canciones, y ahora eso se está pasando a la escritura de cine. Tiendo a ser muy sensible a lo que otras personas y animales están pensando o sintiendo, y no sé qué a que se deba eso. Esta característica me ha metido más en problemas que cualquier otra cosa, porque es una afirmación casi vana, decirlo esto, así de esta forma, pero estoy delirando o es verdad. De vez en cuando leo algo que le da algún sentido, como el tercer ojo o algo así, pero como cristiano tiendo a ignorar esas cosas. Me refiero a que la vida continúa, esa es la realidad.

_Me acabo de enterar de lo que es un Empath (émpata) hace unos años. Esto define lo que me pasa. Sin embargo, parece que *todos tratan de decir que son un Empath, así que estoy tentado de ignorarlo. No quiero afirmar que sea algo que de repente es genial o que me irrita, pero de todas formas así es como la EQ, o inteligencia emocional funciona. En el mundo corporativo, una vez que se conoció ese término, todos se veían reflejados en él, y les puedo decir que es un rasgo raro, muy raro. Al mismo tiempo es algo que todos tenemos dentro de nosotros y forma parte de la gente, pero dicho esto, tiene que haber alguna inclinación natural, o circunstancias en la vida que abran ese potencial.*

_Así que de verdad que hiciste una pregunta que es difícil de responder, porque no me gusta hablar mucho de esto. Simplemente no tengo un montón de opciones más obvias para hablar.

¿Cómo es la vida una estrella de Synthpop? Quiero decir, ¿cómo es tu vida detrás del escenario y el estudio?

_Simple, en cierto modo. Intento mantenerme en un estado de ánimo pacífico, y lo defiendo ferozmente. Cuanto más envejezco, más egoísta me convierto en defender mi tranquilidad. Me quedo mucho en casa, voy en bicicleta, a veces me voy a dormir con YouTube en mi iPad toda la noche, generalmente sobre temas escatológicos, quiero decir que paso mucho tiempo solo y por alguna razón eso no me molesta. Personalmente siento que es porque tengo una relación con el Señor, por lo que nada más importa mucho. Me gustan las cosas sencillas como una persona mayor, y evito la vida nocturna y los entornos donde hay muchas cosas imperceptiblemente infames. Diría que aprendí mucho sobre lo que es la felicidad para mí y descubrí que en realidad es algo muy simple. Estoy agradecido por eso.

¿Puro Futurepop nacional?

La escena del Synth argentina se circunscribe principalmente a los clubes de fans de Depeche Mode. Las fiestas y eventos de Depeche que nacieron hace dos o tres décadas atrás ha despertado un conocimiento sobre el Synthpop, tal vez de forma inconsciente. En Buenos Aires, se hacen muchos tributos a Depeche. De hecho, en la actualidad hay un grupo que se llama "The Mode" que es el que más trabaja y supo capitalizar el talento de sus músicos para sonar muy parecido y generar muchos eventos. Los fanáticos de Depeche, son los que van a ver las bandas parecidas y van a los eventos homónimos, que es allí en donde el Futurepop aparece, aunque, el público, quizás no lo llame con el nombre Futurepop. Pero em definitiva, es en esto tipo eventos en donde la gente puede disfrutar en Synth, por que suena Depeche y posteriormente las mejores bandas de los ochenta

También con la llegada de las nuevas generaciones y con el nuevo "boom" de los '80 el Synth encontró un refugio en el **Synthwave**. En los últimos 5 años, grandes superproducciones con músicos jóvenes recrean el sonido de los ´80 con sintetizadores, osciladores, teclados y demás.

Los nostálgicos noventosos también tienen su espacio en la movida **Vaporwave,** que de forma muy independiente y a pulmón gestión eventos alquilando predios en sociedades de

fomento o espacios culturales de acceso público en la ciudad de
Buenos Aires.

El **Cyberpunk**, en un momento ganó varios adeptos, en el 2015
participé de un evento muy lindo, con streaming simultáneos
en directo, con efectos visuales, con gente muy copada y súper
buena onda.Tengo muy lindos recuerdos de eso.

En conjunto con todo lo anterior, hay eventos de artes mul-
timediales, arte digital, arte moderno, o de artes alternativos,
en donde el concepto del Futurepop se podría adaptar muy bien.
Yo tengo recuerdos de uno que tuve la suerte de participar en la
galería de fotos dejo una selfie con el recuerdo. Espero que eso
pase. Por eso estoy haciendo este libro.

Producir eventos a gran escala, hasta ahora parecería una
hazaña utópica. Si los sponsors y las empresas de eventos
o la prensa de primer nivel no ven que un evento tiene gran
convocatoria para invertir, jamás vamos a tener un AMPHI
festival en Argentina. Lo que podemos hacer es tratar de difundir
que haya tendencias artísticas y artista súper talentosos que
merecen tener esos esos espacios tan amplios para mostrar lo
que hacen, como lo tiene el Rock, el Trap o la Cumbia.

Conclusión:

En el final ya pudieron conocer algunas de las bandas principales,
por lo puse que con mis descripciones y también pudieron
conocer algunos discos. Si escucharon algo ya saben de lo que
se trata. Seguir descubriendo es tarea de ustedes... Como dije
antes, dejé mis redes para que se puedan contactar conmigo y si
quieren, hablemos, y sigamos "Future Popeando" juntos.

Agradezco que se animarán a explorar conmigo sobre el Future-pop.

¡Hasta pronto!

Epílogo

Ya llegaste hasta acá y viste todo el material. Espero que lo hayas disfrutado tanto como yo. A mi me sirvió para encontrarme con bandas que hace mucho que no escuchaba o seguir escuchados temas que no conocía de mis bandas favoritas.

En este texto pudiste ver la música de este nuevo milenio, en un género que está evolucionando y con un muestrario de bandas seleccionadas y obras títulos que escogí detalladamente para que puedas entender lo que estoy intentando contarte.

La cultura hoy por hoy atraviesa nuevos desafíos, por eso creo que aportar mi grano de arena para ello es un honor muy grande para mí.

Como pudán suponer, la industria hegemónica de mueve los hilos de cultura y el entretenimiento, no depara en invertir en los fenómenos , productos, obras o artistas que no son masivos, por eso es importante para mí, que en una parte, aunque sea una muy pequeña porción, el Futurepop tenga un espacio. Y este espacio lo estamos construyendo entre los músicos, yo que escribí este libro y ustedes los lectores. Así que, ustedes también ya son parte del Futurepop, este estilo musical moderno que ya se volvió un género de culto.

Más allá de cualquier repercusión que pueda tener este trabajo, estoy contento por el resultado final y porque hay tan buen material con el que tuve que trabajar para escribir estas páginas, que me ha resultado muy ameno volver a consultarlo. Escuchar temas que no escuchaba desde hace rato, acordarme de los shows que he visto, buscar las fotos... en fin, una experiencia muy linda en esta época donde hace falta vivir cosas buenas.

Pienso que me hubiese gustado encontrarme con un libro así cuando era más joven y empezaba a salir para descubrir nueva música.
Dejo mi álbum de fotos con algunas de esas noches de música memorables, que espero siga habiendo un millón como estas en mi vida:

Las fotos como son de mala calidad, por ser tomadas muchas veces de noche y con mi celular, las voy a poner para que las puedan en este link:

https://synthmans-blog.tumblr.com/post/627467191872323584/noches-de-synth

Agradecimientos

A los primeros que hay que agradecer es a los que de alguna manera llegaron a este libro.

Después a las empresas que confiaron en mi para la edición para la edición y difusión del presente, a los artistas que siempre me han dado una mano con mi blog , a la distribuidora por difundir esta obra en las grandes plataformas de libros digitales y por último, a todas las personas que han permitido que este proyecto sea posible.

¡Gracias totales! como dijo alguna vez el gran Gustavo Cerati.

About the Author

Soy el escritor de este libro y el administrador del blog Ebm Lovers Magazine

You can connect with me on:
🌐 https://medium.com/@EbmLoversMagazine
🐦 https://twitter.com/EbmLoversMag
📘 https://www.facebook.com/EbmLovers

www.ingramcontent.com/pod-product-compliance
Lightning Source LLC
Chambersburg PA
CBHW071228130726
47998CB00002B/868